学者じゃない! 評論家でもない! 中小企業経営者の確かな目!!

鳥羽の中心から「日本経済再生」を叫ぶ

～吉田流
Facebookで
“スローライフ
株式投資”が
丸分かり!～

吉田屋グループ 専務取締役
湯坊旅籠《はたご》「和光」
宿　坊「錦海楼」
喰い処「長門館」

鳥羽市広告宣伝戦略委員会 委員長

吉田 一喜

名古屋リビング新聞社

はじめに

誰もが気軽にメディアのような立ち位置を獲得し、情報発信の役割を担う時代になりました。

人とのつながりが希薄になったといわれる今、FacebookをはじめとするＳＮＳ（会員制交流サイト）の誕生で、交流のだいご味を実感している人も多いはずです。まずもって、ＩＴ社会に感謝しなければなりません（笑）。

私自身、「ちょっと知り合いの反応を探ってみようか」といった気持ちで、Facebookを始めました。不思議ですね！　テーマにするのはほとんどが私が得意とする「金融経済」ネタが多いのですから。

それにしても、官庁の発表を忠実に伝えるマスコミの論調は、まあいつも「（１０００兆円にまで迫ろうかという）日本国の借金問題」に落ち着いてしまうのでしょうか。その度に、私はいつも自問自答するのです。「本当に借金で首を回らない状態なのか？」「破綻（たん）してしまうのか？」「私たち、国民の実感と総意なのか？」と。

私の回答は、いつも決まって「日本は全然、大丈夫なんですから〜！」です。思いつく度にFacebookにつづっています。

学者たちが手引きするテレビ・新聞の報道、実用書にかじりついてみても、すっきり納得できないこと、私は多いですね。みなさんはいかがでしょう。だからこそ、私は常に現場の目線で、できるだけ分かりやすくて楽しく、経済ネタをFacebookで披露していきますよ。気力が続く限り…。

今回はFacebookを離れ、本（略して「鳥羽中（とばちゅう）」と呼んでください（笑））を通して、固定化されてしまっている経済の「大きな勘違い」から抜け出し、一歩でも二歩でも、金融・投資に向き合っていただければと願ってやみません。そんな意味で、「鳥羽中」に出会った方はラッキーなのかもしれません。

思い立ったが吉日というわけで、早速「学者じゃない、評論家でもない、いち中小企業経営者がずばりと明かす金融・投資」劇場の始まり、始まり。

目　次

書を始めるにあたって

世にいう経済学だとか論理、各種データや指標、省庁などの役所による報道発表など、さまざまな情報源がもとになって、私たち国民に日々、経済ニュースがもたらされます。

私はそれら情報源を否定するつもりはありませんし、存在を疑問視しているわけではありません。あくまでもこれから展開する全文は「吉田流〝金融経済・投資論〟」と呼べるものであり、超現場主義であり、私自身の実体験に基づくものであります。それはひとえに、旅館業を営む傍ら、経済政策提言のボランティア機関である青年会議所（ＪＣ）の代表のほか、広域観光の発展を目指す団体や地元（三重県鳥羽市の）観光政策集団のリーダーとして、そしていち投資家として、実体経済を見続ける中で痛感する「気」を最重視するなかで組み上げたものです。

経済をつくるのは学者でもなければ、金融用語を使いまくる経済評論家・エコノミストたちとは異なる世界観。むしろ、なかなかマスコミの光にも当たらない中小企業、経済の関心から遠ざかってしまっている国民の目線に立って、直球・直感的にアプローチしています。

堅くて難しい発想は抜きに、金融と投資がこんなに身近にあることを感じていただきたいと願ってやみません。

［第一章］お金と金融

吉田一喜
2012年8月29日

前にもいいましたが、「お金」ってなぜ存在するかといえば、

1．物と物を交換する手段

2．物の価値を計る尺度

3．貯蓄の手段（物物交換しているとすると物は腐る
　けれど、お金は腐らないから手元に残せる）

では、紙幣も紙。新聞の折込も紙！ なのになぜ、価値を持つか？？？ 日本国政府が発行しているという「信用」で成り立っております☆

だから、人を騙（だま）して一時お金を持ったとしても、絶対に残らないのは「信用」を違（たが）えているからなんですよ！ これは、絶対の真理なのです！ 簡単にいうと、社会って「信用」で成り立っているんです！

100人がいいね！と言っています。

一・お金を持つことを悪く思わない！

私たちの暮らしから決して離れることはない「お金」。私ももちろんのことですが、お金を必要としない人はいないのではないでしょうか。

誰もがお金にまつわるストーリーの1つや2つ、そしてお金のイメージを持っているはず。そういう中、私は読者のみなさんとともにお金に関して、見方を改めたいことがあります。それは「お金を悪いもの扱いしない！」ことです。

例えば、お金がいっぱいある状態に対して、私たちは素直にうらやましいなと思うでしょう。でも、お金持ちの人がいるとなると、途端に「どんな方法で手に入れたのか」「もしかしたら、汚いお金なのかも」と、よくない方向に持っていこうとしてしまいがち。私たちはお金そのものというよりも、お金を持つ行為に、どうやら「悪」のレッテルを張ろうとしてしまうようです。

資本主義の世の中に生きる私たちですから、生きる糧（かて）として、生涯、お金と付き合っていかなくてはなりません。私たちは働くという労働資本をお金という金融資本に替えながら、私たち自身のため、また私たちの大切な家族の衣食住を支え、守っているのですよ。

お金があるからこそ、さまざまなモノやサービスが生まれ、生き方の選択肢を増やしていってくれる。まずは、お金の存在を前向きに捉え、お金を持つことを好意的に受け止めようではありませんか！

二、「金融＝お金のやり取り・流れ」を難しく考えない！

お金がこんなに身近な存在なのに、お金の取引（貸し借り）による流れを意味する「金融」になると、なぜ私たちは遠ざかってしまうのでしょうか？

国語辞典にある金融の意味は、「（文字通り）金銭の融通。特に資金の借り手と貸し手の間で行われる貨幣の信用取引」とあります。どうも、これだけではピンときませんね。

お金に関わる私たちにとって、マイホームや車を手に入れるためにローンを組んでお金をやり繰りすることだってあるでしょう。こういったお金の取引こそ、辞書がいわんとする金融の具体例であり、これも立派な金融活動です。

誰もが関わるからこそニュース価値が高く、テレビや新聞、経済誌といったメディアがより専門性にこだわろうとする気持ちも分からなくはありません。専門性を発揮しなければならないという使命で、メディアに登場する「大学教授に代表される学者」「銀行・証券業界のコンサルタント」「作家」たちのコメントも、金融＝難しいと感じさせる要因の１つでしょう。識者たちが持ち出す多様な論理に巻き込まれてしまっていては、いつまでたっても、金融を私たちに近づけることはできません。

情報社会の今、インターネットから簡単に情報は引き出せますが、金融のツボをつかめるとは限りません。学者じゃない、中小企業経営者の私なりに、この後、分かりやすく伝えていくことにしましょう。

吉田一喜

2013 年 2 月 5 日

１８０４年から、およそ２００年間の資本主義経済は、大きく「富」が増えて、多くの人の暮らしが向上しましたね！　その２００年間でインフレ率を勘案しながら、「何が富を増やしたか?」を計算した学者に、シーゲルという人がいます。例えば、「金（ゴールド）」は物質の価値が同じなので、価格が高騰してはいますが、それは需給のみで価格決定されますので、実は、インフレ率を勘案すれば目減りしていたのです！　そして、富を分配する行政が発行する債券は、国家が発行する国債なども含めて、富は膨らんでいるものの、「株式」の比ではありません！　なぜならば、**人の英知を結集し、富が増大する場所は・・・企業しかないからです！**　でも、下手な企業に投資すると、投資した資本は回収できずに、ゼロになることもあります!!　なので、**私は「有利子負債」がゼロか、ゼロに近い企業にしか投資しません（笑）。そういう企業は、倒産することもなければ、粉飾決算をすることもないからです！**　そして、株式投資とは企業の部分所有なので、「モノ」を持つことですから、インフレに最も抵抗力を示すのです☆★

100 人がいいね！と言っています。

せん。

三、順調な企業成長と大きなブレーキ

資本主義の日本で生きる私たち。お金と無関係で生きてはいけません。

時代とともに金融経済のあり方も進化を続け、資本主義経済にたどり着いたわけで、それに替わるシステムが見つかっていない以上、受け入れるほかありませんね。

目的はさまざまですが、私たちは幸せに暮らせるように、何らかの社会活動に励み、その中で富を生み出しています。モノやサービスに知恵やアイデアなど付加価値を加え、多くの消費者に買ってもらうことを企業は働きかけます。

生産、販売、購入、消費をうまく循環させながら、企業は日本経済を大きくし、魅力的な国へと育て上げましたが、バブル崩壊とリーマンショックで立ち止まることに。

四．なぜ日銀は世界に挑まないの？

リーマンショックなど世界を揺るがす社会的アクシデントは、消費者の注目と企業の熱い思いだけではどうにもなりません。国の危機的状況において力を発揮するのは、日本にいる者たちを幸せに導く国家機関のリーダーシップ。なのに、先手・先手の一手もなければ、後手・後手という感覚も印象づけることもなく、なかば社会的メッセージのない放置の状態を招き、不景気なんて当たり前といった雰囲気を根づかせてしまっています。

リーマンショックの震源地・アメリカはもちろん、ヨーロッパも中国もデフレ（デフレーション）対策に思い切って取り組み、中央銀行が紙幣を繰り返し印刷し、金融市場にバンバンお金を流し込んでデフレ不安の解消にあたってきました。

その一方で、日本の中央銀行・日銀（日本銀行）はというと・・・。何とお金を投入しなかったのです！　私は不思議でなりませんでしたね。経済大国・日本だからこそ、爆発的信頼のある通貨・円であるにも関わらずなのに。強い武器を使わずに戦いを放置するなんて、中小企業経営者では絶対にあり得ません！

五．講師を務めた国会議員の支援者勉強会にて

３年ほど前のこと。ある国会議員が地元の人たちに日ごろの政治活動を報告する国政報告会という恒例行事と、私が講師として呼ばれた支援者勉強会がありました。

支援者勉強会でテーマに上がったのは「金融緩和」の向かい方について。南アフリカ共和国の北にあるジンバブエ共和国で起きた、１０００％を超えるハイパーインフレを持ち出し、パン１個買うのに、リアカー１台に目一杯積んだ紙幣を持ち歩くつまり、モノの価値が想像を絶するほど上がってしまう状況が持ち上がったのです。

国政報告会において、国会議員はこういった状況を引き合いに、

「中途半端な気持ちで金融緩和をおこなうと、ジンバブエの二の舞になる」とでもいいたかったのでしょう。金融緩和反対のムードへと持っていくために・・・。でも、ジンバブエはデフォルト（国家経済の破たん）には陥らなかったのです。諸外国の金融が入り込んでおらず、あくまで自前主義で経済を成り立たせてきたからこそ、自国の判断で事が解決できたのです。

身の丈をわきまえ、他国の金融介入が支配的になることから自国を守れば、デフォルトになることはないと確信しています。

六．自前主義の日本の経済力は高い！

日本の経済状況はどうでしょうか？

買い物や投資などで市場に投入されず、銀行預金やたんす預金などで眠っているだけで１４００兆円に上るといわれていますよ！

国が国民向けサービスを落とすことなく、国家運営をするために毎年積み上げてきた借金総額は１０００兆円目前で、赤ちゃんら、稼ぎがない非就労者の年齢層も含め、国民１人あたりの借金額は８００万円近いとマスコミは書きたてますが、蓄えで帳消しにできるではありませんか！　海外の国々にも、いっぱいお金を貸していますよ！

デフォルト寸前の状態になったと報じられたギリシャやスペイン、韓国は、諸外国に金を用立ててもらう外貨建て債務を抱えており、もし借りている国の事情が変わったら、それなりに対応しなければなりません。日本の経済とは別物なんです。

日本の経済的体力はまだまだあるのですよ！

七．紙幣印刷できる「日銀」は強い存在

金融緩和を導けるのは、紙幣を印刷し、発行できる日銀以外にありません。もし私が印刷できるなら、経済破たんの危険性なしとみて、ガンガンいきますよ！（笑）

ためたお金がなかなか世の中に出ていかないのですから、日本の強い円・たくましい貯蓄力を担保に、日銀は他国と同じようにガンガンいくべきでしょう。

国・日銀に対して、地方公共団体の場合は紙幣を印刷することはできませんから、国の英断を待つのみ。夕張市などに見られるように、運営を間違えると、破たんを招いてしまうことに。

それにしても、日銀は黒田東（はる）彦総裁・岩田規久男副総裁のトップ体制になるまで、どうしてこうも腰が重かったのでしょうか。疑問でなりません。デフレ対策を打たなければならないのに、インフレ対策を行ってきたなんて、経済学部の大学1年生でも分かることだと思いますよ。

黒田総裁が実行決断した金融緩和以外に、国内経済を活発にする方法はないと、私も思っています。

吉田一喜
2013年5月27日

おいおい！　民主党さん、大丈夫か？　今朝のＮＨＫで、アベノミクスを批判していたけれど、な～～～～～んにも変えることのできなかった民主党政権よりは、今の自民・安倍さんのアベノミクスは確実に動いているじゃないか！　ならば、「危うい面もあるけれど、長年脱出できなかったデフレから、経済は動いてきていますね！」くらいいえないと、７月の参議院選挙で大敗するかもよ！

私の尊敬する政治家の一人も、今回は選挙なんで・・・。

老婆心ながら、苦言を呈したい！　**きっと、アベノミクスは一定の成果を挙げますよ！**

※大敗しました。

100人がいいね！と言っています。

八．デフレに「いい」「悪い」なんて区別ない！

これまでの日銀の金融緩和への消極的姿勢、明日を生き抜きたい中小企業経営者常識とはかけ離れていますから〜。好・不況に関係なく、安定した収入に恵まれる国家公務員。うらやましい限り！（笑）自らの足で現場、末端の企業の世界を見ることなく、日銀ワールドにどっぷり漬かり、頑張っても頑張らなくても給与は一定。「モノの値段が下がるなんて、手持ち金を使わなくていいのだから、生活しやすくなっていいじゃない！」と、カゴの中の鳥たちは思ったのではないでしょうか。自分を守るために金融緩和をためらってきたのだったら、許せない！

あろうことか、デフレに「いいデフレ」「悪いデフレ」なんて区別まで設けてしまって、何ともなりませんわ～。日銀がいわんとする「悪いデフレ」なんて、私にいわせれば「緩やかな自殺」ですよ。

日銀さん、どうかデフレの定義を教えてください！

九．なぜ、金融経済が難しくなってしまったのか？

ノーベル賞の部門に経済学があるように、経済にはいち学問として確固たる専門性を追求しなければならないという観念が働いてしまうのでしょうか。

かといって、私がしり得る限りでは、経済学の権威といわれる著名な学者たちでも、経済予測がピタッと当てはまる事例はなかったような・・・。まるで、子どもが夢中になるテレビゲームをつくった大人たちが、子どもたちと対戦して勝てないのと同じような状況。つまり、論理やノウハウの生みの親であっても、実践で一番になるとは限らないのです。

そういえば、小泉政権のころ、株式投資をテーマにした1時間テレビ番組があって、短期間でどれくらい利益が挙げられるかのゲームが放送されたのです。おもしろいかどうかは別にして、私には番組の狙いが全く分かりませんでしたねぇ～。だって、利益だけを短期的に求めるだけなら、それは投資ではなくて、一獲千金を狙う「投機」ですよ。

こういった番組ひとつとっても、結果的には国民に投機を投資と認識させてしまう。お金について、金融経済について、株式投資について、学校で金融リテラシーを身につける手段を持たない現状は、ある意味、悲劇的なことであると私は考えます。ヨーロッパやアメリカではもちろん、学校教育のカリキュラムに盛り込まれているので、早く追いつくべき！

吉田一喜
2013年5月31日

経営コンサルタント会社の社長から良い言葉を聞きました！

「失ったお金は、取り返すことができるけれど、失った時間は取り返せない」

なるほど！

しかし、投資家を目指す私は思いました・・・。

「失ったお金を取り返すために、失う時間を恐れてはならない」と(笑)。

100人がいいね！と言っています。

十．経営トップを務めなければならないのに・・・

三重県のＪＣ（青年会議所）トップに立たせていただいたこともあって、多くの若手経営者の卵たちと出会う機会に恵まれています。

私が現役のころに比べて驚いたのは、金融機関との取引を有利に進めていかねばならないＪＣメンバーたちの中に、「銀行にすら行ったことがない」というひとが多いこと、多いこと。自社と金融機関との今ある金利をしらずして、金利交渉ができるわけがなく、「日本経済を支えるのは私たちだ」という意識を持つことすらできません。

そんな中、私が後輩たちに投げかける話題があります。それが、幕末から明治にかけての明治維新に生きた若者たちの存在です。

　自分の命を犠牲にしてまでも、当時の政府である幕府に挑んだ高杉晋作が24歳、坂本龍馬が28歳、桂小五郎が32歳、最も年上の西郷隆盛ですら36歳という若さ。まさに、ＪＣメンバーと同世代が日本国を変えたのです。小さくまとまってはダメで、銀行に行こうとしないなんて、恥ずかしい。

十一・社会に影響をもたらす経済団体へ！

ＪＣが日本を元気づける火付け役を担ってほしいと願うのは、私だけでないはず。経済を盛り上げる原動力は「やる気そのものである」と確信する私にとって、明治維新の立役者ほどになれなくても、大きな気持ちで経済活動に取り組んでもらいたいです。

地域力向上が叫ばれ、全国各地に次々とＮＰＯ（特定非営利活動法人が誕生し、地方行政サービスの一環を担う存在へと成長を遂げています。地域経済の発展を大目標に、まちづくりの政策集団といわれたＪＣの役割にとって替わるかの勢いです。

それに対して、不景気が当たり前となっている今、ＪＣはメンバー数が少なくなり、スケール感も小さくなっているといると認めざるを得ません。しかし、選挙に合わせて実施される公開型の「選挙フォーラム（立候補者政策討論会）」はＪＣの専売特許的取り組みであり、政治を担うかもしれない人物と有権者をつなぐ（コミットメントする）成功事例として、自信材料にしてもらいですね。

吉田一喜
2013年6月3日

異次元の金融緩和によって、上昇した日経平均も、本日も500円を超える大幅な下落！ **価格が下がれば、あらためて価値あるものを安く買えますね！**

異次元の金融緩和による異次元の相場体験！！(笑)

100人がいいね！と言っています。

十二．金融緩和について思うこと

金融緩和は日銀が市場にお金を流し込むことで、経済活動を活発にしていこうとする働きかけ。つまり、安倍総理大臣が掲げる経済力アップ政策「アベノミクス」の要請を受け、黒田日銀総裁が紙幣を大量に用意し、臨機応変かつ積極的に市場に投入している状況のことですね。

私は大賛成。というか、待ちに待っていましたよ！　だって、私は少なくとも民主党政権の経済政策がうまく社会とわたり合っていけなくなったころから、知人たちとの間で、黒田総裁がキーワードにする「異次元の金融緩和」（「規格外」「前例のない」「想定外」と置き換えられるでしょう）を、そっくりそのまま使っていましたよ〜。

「金融経済のバランスが崩れ、取り返しのつかない状況になったらどうするのだ」と思う人もいるかもしれませんね。世界的にみて圧倒的に強い円ですから、私は大丈夫だと確信しています。問題だったのは、信用の維持装置である日銀が思い切って金融緩和政策を実行に移せるのかが大きな壁になってきただけなのです。

ただし、金融緩和政策はいつまでもやりっ放しにするものではありません。適当なレベルで引き締めに切り替えます。日常生活に例えるならば、「節電が求められるのに、余分な電気を使わない！」「使わないのに水を出しっ放しにしない！」といったことですね。あくまで、呼び水・刺激を与える程度留めるべきで、常識を越えると国際的な信用を低下させることにもつながりかねないと思います。

十三．日銀保身体制を改めよ！

日銀の世界観は、まさに「私たちこそ、インフレファイター（インフレに向き合い、退治し、日本経済を守り抜く！）」と思っているのでしょうね。きっと・・・。

いや、私にいわせるならば、日銀の存在価値の維持、つまり揺るぎない存在だと錯覚しているにほかなりません。一般生活者、一般消費者の世界では、ツケが許されるのは信用ある人たちでのみであり、後手後手の消極的姿勢を貫いてきたこれまでの日銀が、私たち国民に対して、ツケが効くとは思えませんね。

どこの国でも、お金の価値は信用の証（あかし）そのもの。まさに古来からいい伝えられえる「悪銭身につかず」です。人を欺いて金を手にしても、その人の手には残らないものなのです。

信用の獲得こそ、日銀が組織を上げて取り組んでもらわねばなりません！

吉田一喜
2013年6月6日

日本のおろかな経済学者のよくやる手段は・・・。

9割の経済学者がいうことの反対をいうことなんだとか!

(笑)

はずれたら、みんなにいったことを忘れてもらえ、当たったら「すご〜い!」ってことで名前が売れるそうです。

なんだか・・・地震学者もおんなじですね!!

学者様・・・そんなので良いのですかね???

100人がいいね!と言っています。

十四．労働をお金に換える方法は一つじゃない

日本は世界から勤勉国家といわれるように、私もその通りだと思います。

日本人の労働の美徳を表す名言として、「額に汗して働く」があります。それはすなわち、私がライフワークにする株式投資行動への否定とつながるのでしょうね。

いうまでもありませんが、資本主義は労働資本を金融資本に替えるゲームであり、労働を巡る「さまざまなコミットメント（多彩な取り引き方法）」があって当然です。

年相応の仕事の仕方があっていいもの。世界上位の長生き国・日本

といっても、さすがに80歳を超える人に対して、疲労著しい業務を課すなんてできません。

例えば、田や畑仕事に使っていた土地を駐車場に整備し直して料金収入を得るのも一つですし、アパートを立てて家賃収入を見込んでもいいですね。

社会的ニーズを先取りする姿勢を重視し、それにふさわしいサービス分野に労働資本が投下できれば、どんな仕事のスタイルでも、ギブ&テイクの法則は成り立ちます。

十五．なぜ日本の学校は子どもたちに「お金」「金融経済」を教えないのか？

「インフレファイター」を自称する日銀関係者たち。経済を難しい方向へともっていこうとする学者たちも、自分たちの地位を守る自己保身の一心でそうしているのなら、悲しい限りです。

世界的にお金にまつわる教育は一般的で、金融のイロハ、金融全般に関してひと通りの理解ができる「金融リテラシー」は日本の子どもたちよりも、しっかりと備わっていますよ。日本ではせいぜい、公民の教科書に「紙幣を印刷するのは日銀」といった程度しか学ぶ機会が提供されていません。

お金は私たちが生きていく上で必要であって、生活リテラシーは「読み・書き・そろばん」と同等、いやそれを上回る重要性を持っていますよ！

お年玉や小遣いといった具合に、小さなころからお金に触れる子どもたち。「高金利は人生を破滅に追い込みます」とか、「お金をだますターゲットとして、年配の人たちが犠牲になる例が多い」といった、将来に渡って予防線が張れるならば、何よりもの防犯になるじゃないですか！

個人的には、株式投資の真の役割を伝えていくことも、教育の一環に取り入れていってほしいと願うばかりです。

十六．知らされていないから、誰も手を出さない！

特に株式投資については、役割すら学校の先生から教えてもらうことはなく、大金を持っていない人には無縁の世界といったあいまいなイメージばかりが刷り込まれてしまっているではありませんか。

正しい情報を伝える媒体を標榜する、日刊新聞の経済欄ですら、目も当てられませんね！日々の日経平均株価・東証株価指数、ドル・ユーロの為替を枠内で数字のみ表記し、前の日とのアップダウンが示されるだけ。記事が載っても、じっと待って全体を見わたすことなく、データ分析する人たちのコメントを頼りに、「いける！」とか「もうだめ！」とか結論づけてしまいます。

誰もが願う経済成長。最終的には私たちの暮らし向きを大きく変えることに。「株式投資とは企業経営に一枚絡む意思表示をし、直接投資によって企業を後押しし、企業とともに成長を夢みて、相乗効果として日本経済を発展させる『総参加型の経済盛り上げ策』である」といったように掲載してほしいですね。今のままでは、いつまでたっても「株式投資は賭け事と一緒」と思われてしまいます！

ところで、皆さんはいくら用意すれば株式投資に参加できると思いますか。もしかして、「何百万！」なんて思っていませんよね。私たちがコツコツ貯金に励み、定期でも1本組もうかといった20～30万円くらいのお金で参加できるのです。

単元株が1株ならば、もっと安く購入できることも。私と話をした人からは「え～、本当ですか？」と反応する声の多さに驚かされます。こんな状況では、私がかなえたい株式投資のイメージアップには、幾多の困難が待ち構えているに違いありません。

十七．金融は「生き物」と心得よう！

金融教育を受けることなく育ち、金融リテラシーが世界に追いついていない私たちはまず、「長期的に経済動向を見よう」とすることから始めましょう。

株式投資1つ取ってみても、短期的に売り買いを繰り返すファンドやデイトレーダーたちが繰り広げる取引「投機」と株式投資は全くの別物！　売り買いのプロといわれる証券マンを、かつて私も経験しましたが、「分散投資」「短期取引」「有名企業株（有名銘柄）」をおすすめしようとするのは、成功報酬を高め、自分のボーナス査定を上げるためという個人的理由が占めていることも、コッソリとお教えしておきます。

本当の見極めポイントは、経済規模に関わらず、十二分に資金力を有する「キャッシュリッチ」状態にあるかどうかにあるのです！（詳しくは第二章で明らかにします）

「資本主義の砦（とりで）」と呼びたいアメリカの世界的投資家であり、株式投資のプロ中のプロ、ウォーレン・バフェット氏でさえ、「ダウ工業株30種平均（1つのくくり）以上の成果を私は挙げてみせます。『ただし、プラスばかりとは限りませんが・・・（つまり、マイナスとなってもダウのマイナス幅よりも小さくしてみせる）』」というように、短期的な目線は占い師に似た確実性の乏しさを伴うことを、是非とも押さえておいてください。

当たり前のことですが、私たちの寿命と同じように、金融経済の行方を知る人は誰もいません。金融は人の営みとともに歩み続ける「生き物そのもの」なのですから。

鳥羽市中心部のデートメッカ「カモメの散歩道」
にて

［第二章］ヒートアップ！　株式投資

吉田一喜

2011 年 11 月 26 日

敬愛するアメリカの著名な投資家、ウォーレン・バフェット氏が福島の「タンガロイ」という企業に、視察のため来日されました。**私は「世界の資本主義の砦(とりで)」とバフェット氏を呼んでおります。**ビルゲイツ氏とも親交が深く、このお二人は世界のお金持ち1位・2位を長らく独占しておりましたが、バフェット氏は若き日に3万ドルで買った普通の家に住み、古いキャディラックを自分で運転し、金持ち優遇税制に反対し…。この質素さがかっこいい！！！

ところで、日本では株式投資を「株をやる」って言いますが、アメリカではその投資方法において、同じ株をやることについても、「インベスター」「トレーダー」「スペキュレーター」と方法によって呼び名が違います！　1年ほど前に、地元の衆議院議員の支持者の若手勉強会で株式投資の講演会の講師をさせていただきました。題して「元証券マンが暴露する株式投資のウソ・ホント！」(笑)。皆様！　投資と投機の違いってわかりますか？　答えは一つではないと思いますが…

（＾0＾）！

100人がいいね！と言っています。

偉大なる投資家 ウォーレン・バフェット

広く企業社会に必要とされ、経済を活気づける役割を「株式投資」に求めていくならば、この人の教え以外には考えられません。アメリカの超有名投資家ウォーレン・バフェット氏です。

普通、ここまでたどり着いた人だと、住むところも車も一流どころは当たり前。それどころか、自家用ジェット機を持つのがアメリカ企業社会の頂点に立つ人の証（あかし）でしょう。バフェット氏がひと味違うのは、１つの国ごと買い上げる程の資産を持っていても、居住地は昔ながらの田舎（いなか）住まいのまま。ごくごく庶民の家で、マイカーは中古市場で値がつかないような古いキャディラックに乗り続ける。ここが人を引きつける、バフェット氏のマジックの原点だと私は感じます。

バフェット氏が重視する株式投資の哲学は、学者たち・経済評論家たち・データ集積と分析を得意と自負するエコノミストが発する難解ワードとは打って変わって、分かりやすく、納得できるものばかり。爽快（そうかい）な気さえします。バフェット氏は、株式投資は誰もが参加できる趣味・生きがいになり得る経済分野であることを伝えたいとの思いが渦巻いているに違いありません。

バフェット氏がこれまでに語ってきた「バフェット流・株式投資哲学」を、私なりに分かりやすくまとめてみたので、楽しく読んでみてください。

「ウォーレン・バフェット」の株式投資の哲学

その1　損をしないこと!!

その2　それを守ること!!

以上。

シンプルでしょ。でも、実をいうと意味深なのです。これをひも解いていきましょう!

その1
「損をしないこと」の本当の意味

人は自然と欲がわくものです。だって、長い人生、楽しく生きたいですからね。

株式投資を知っていても知っていなくても、客観的で比較可能な数字、つまり、結果的にいつもついて回る「価格」に、私たちは目を奪われる生き物なのです。知らないうちに、価格を追いかけ回すことに。

株式投資の世界では、時時刻刻と株価は変動し、価格を見ようとする私たちを、いつの間にか短期的取引へと引き込んでいきます。バフェット氏は短期的投資を「占い師」と例えます。裏返していうと、「時間軸を基礎とし、時間的猶予こそ真実を物語る絶対条件であり、確実性を生むことなのだ」と。プロ中のプロのバフェット氏が求める株式投資道は、まさに長期的視野と展望に基づく「スローライフ投資」にほかなりません！

誰もが知っている世界的電機メーカー・パナソニック。株式上場が昭和24年と歴史ある企業で、長く株式を保有する投資家は相当多いに違いない。直接尋ねてみたところ、長く取引を続ける企業代表者が多いとのこと。

当時、株式投資していた人にとっては、パナソニック大発展の成果として、株数の拡大（株式分割）だけで一目瞭然。始まりの1000株が何と今では147万株に！　株価が70円から700円になったとすると、当初の7万円の直接投資が10億2,900万円にまで膨らむわけで・・・。

「そのころ、バフェット哲学に出合えていたら！」と思うだけで、ワクワクしますね。

★吉田流「損をしない＋負けない」
　株式投資のヒント

①「借金をしていない」「借金があってもゼロに近い」銘柄を選ぶ。

②資金状態はいいのに買い手が少なく、放置状態で、低い株価をつける銘柄を選ぶ。

その2
「それを守ること」の真意

バフェット氏だって、生まれ持っての天才ではありませんでした。私たちと同じように、自ら貪欲に学び、気づき、成功事例を積み上げ、社会的地位を不動のものとしたのです。

バフェット氏の境地は「短期的のみに目を向けると、マーケットはそううつ病の動きをたどり、それはつまり『占い師』的活動だ！ その一方、中・長期的ならば企業の正確な実態を映し出す測量器の役割を果たす！！」です。

株式投資がなぜ、資本主義経済の成長エンジンとして欠かせないものなの？

学校教育から学ぶチャンスカードがない日本人は、しっかりと授業で手に入れ、社会参加のいち手段として株式投資に取り組むヨーロッパやアメリカに比べれば不幸ですね。同じ資本主義経済なのに・・・。

おまけに、日刊紙も週刊誌も日々のネタにしたいからか、デイトレーダーのような「テクニカル投資」〔時時刻刻と変動するチャートをひたすら眺め、“上へ向かうか（株価がアップするか）”“下へ向かうか（株価がダウンするか）”を読んで売り買いをし、利益を得ようとする投資〕のような書きっぷりで、これらに目を通す国民に「株式投資はギャンブルだ」（こういった活動は本来、投資ではなく、「投機」というのです！）と思わせ続けます。バフェット氏ならばきっと「分かっちゃいないね！」と思うでしょうに・・・。

株式投資への理解（株式リテラシー）が著しく立ち遅れている日本は、このままでいいわけがありません！ 私が広げていきたい『スローライフ投資』（株式投資の正式な流派としては「ファンダメンタルズ」に該当）を入り口に、誰もが定期預金を1つ組むような感覚で直接投資に加勢し、富を唯一生むことができる企業成長の促進エンジンとして、私たちのお金を役立てていくのです。

そして、バフェット氏がいう測量器である株式市場を長期的かつ冷静に見渡しながら、国民総参加で日本の成長を勝ち取っていきたいものですね。

株式投資＝ギャンブル＝短期的取引ではありません！

真の株式投資は、
「企業に関わり、応援する意思表示」であり、
「企業を長期的に支え、所有者となる権利」であり、
「日本経済を活気づけ、社会参加し続けるダイレクトな活動」です。

株式投資は専門的な知識を持つ人たちだけの世界だと思っていませんか。

銀行に預ける預金が一体、何に使われているのかが分かりませんよね。それに対して、株式投資は自分ならではのものさしで、どの企業にエネルギーを与えるのかを決めることができる直接的行動なのです。

経済の成り行きを他人任せにするのか、それとも自分もプレーヤーの一員として、お金を有効活用し、元気づけていくのか。経済への見方・距離

感がグンと変わるのは間違いありません。

「思い切って！」ではなく、定期預金を１つ組むような感覚でいいのです

「7《セブン》ワード」を押さえよう！

※①と②、③と④で
ひとくくりにするのがポイント

①BPS〔一株（ひとかぶ）あたり資産〕

→あなたが握る企業資産

企業経営が順調なのかどうかは、私たちの家計レベルの計算式と大きく変わりありません。ということは、会社が持っている資産はお金や不動産などです。株主が持つ一株あたりの資産の大きさは「資産全体÷発行済株式数」で出てきますね。

②PBR〔株価純資産倍率〕

→あなたの企業資産は割高 or 割安

①で出てきたBPSを株価で割ると、持っている株が割高か割安かを知る目安に。例えば0.5だった場合、該当企業の株価は純資産の半分の価格となります。

③ＥＰＳ〔一株あたり純利益〕

→あなたの受け取り利益が数字でずばり

資産規模も大切ですが、株主として一株あたりの利益がどの位なのかは気になるところですね。それを導き出すのがＥＰＳで、「当期純利益÷発行済株式数」で出てくるのです。

④ＰＥＲ〔株価収益率〕

→あなたの株は割高 or 割安

企業利益と株価のバランスはどうでしょう。株価と③のＥＰＳを使って導き出せますよ。計算式は「株価÷ＥＰＳ」。一株あたりで株価が純利益の何倍を占めているかを知ることができます。

⑤時価総額（株式時価総額）

（株式市場で表示される）株価×発行済株式数で計算した金額を意味します。株価はありのままの実態を表す側面のほか、先を見通す中での期待値（過大評価・過小評価）まで反映するため、企業資産の実態とぴったり一致するとは限りません！

⑥配当利回り

直接投資した株価に対して、１年一区切りとして、どれだけ企業から配当を得られるのでしょうか。計算式は「一株あたりの年間配当金額÷一株購入金額×１００」。株価や配当金は企業によってバラバラなので、単純に数字だけを見比べて配当がいいかどうかを判断することはできません。それを比較可能にしてくれるのです。

⑦ROE〔株主資本利益率〕

企業を応援し、直接投資で支える株主にとって、企業側が株主の存在をどう捉え、どれだけ重視しているのかは大いに気になるところ。企業のもうけに対して、株主にどれだけ利益を傾けるのか、つまり株主重視の経営を実践しているのかを知ればいいのです。計算式は「当期純利益÷株主資本」。企業の成長度合いを見る簡易型ものさしになりますよ。

吉田一喜
2011年12月19日

1973～74年のアメリカの証券不況当時、ウォーレン・バフェット氏は「フォーブス」誌のインタビューに対し、「グレアム流のバリュー株価でF・フィッシャー流の成長株が買える」と答えましたが、今の日本の市況を見ると、その状況にとても似ていると思うのは私だけ？？？
簡単にいうと、50億円持っているキャッシュリッチの新興企業の時価総額が２５億円とかゴロゴロ！ 理論上は25億円払うと、50億円の現金を持った企業が買えてしまいます～♪ すみません、マニアックな株話で！

100人がいいね！と言っています。

Facebook
ここを
チェック

「株式投資だけのありえない（!?）世界」

株主になるということは、投資先企業のオーナーになることであり、その会社が清算される際には、持ち株分の会社の財産（固定資産まで含みます！）を受け取る権利を手にすることに。

もし、売り出し中の株価が1株800円で、自分が500円の時に買っていたとしたら、購入時よりも多くの取り分をゲットできるのが、株式投資ならではの世界なのです。

「50セント硬貨を入れ、返金スイッチを押したら、1ドル紙幣が戻ってくる自販機を手に入れるようなものだ」

バフェット氏は分かりやすく表現します。

普通預金でも定期預金でも、利息があるのかないのか分からないのとは大違いだと思いませんか⁉

吉田一喜
2011年12月25日

来年、日本でもFacebookが上場とのこと！ ネットの発達によるイノベーションは確実に人間社会を便利にし、世界を豊かなものにするかもしれません。でも、過去を振り返ると、航空会社に投資した人のほとんどが儲（もう）けられず、アメリカの車会社は2000社がたった3社になり…。イノベーションは投資する人にとって、「必ずしもシアワセになるとは限らない」というバフェットさんの言葉もあります☆

100人がいいね！と言っています。

Facebook
ここを
チェック

「トレンドに偏り過ぎると、痛い目に・・・」

私たちのライフスタイルを一変させる技術革新（イノベーション）は、時代・時代によって何らかあるものですね。私が生きている間だけでも、自動車・航空機・IT（インターネット）などが該当します。

こういった時代をグイグイと引っ張るトレンドにあやかる企業は驚くほど多く、淘汰（とうた）の嵐に巻き込まれていくことに。アメリカの自動車業界はビッグスリーと呼ばれますが、数千社あった企業のうち、生き残ったのはわずか3社しかないということを意味しているのですよ。

こういった異様に高ぶる分野への株式投資は、時として経済を狂わせることに。つまり、誰もが浮き足立って飛びつくトレンドには距離を置くのが得策とアドバイスしておきます。

それよりも、時代の変化にとらわれることなく、いつも存在感を放ち続ける老舗(しにせ) リーディングカンパニーに目を向ける方が、「あり！」です。

吉田一喜
2012年6月6日

私は日本人と日本が大好きです！ 世界の多くの国を見てきましたが、こんなに良い国はないなと20代のころに感じました！

あるＴＶ番組で「生まれ変わっても日本人になりたいですか?」って質問に、76%の日本人が「はい!」と答えておりましたが・・・。

「富」を創造できない官僚の国策による、今の消費増税は明らかな「間違い」。

「富」の分配が仕事の官僚の皆様は、分配のプロであって、国民を豊かにするための「富」の創造のプロではないのです！「富」を創造し、資本主義を発展させたのは「企業」です！ 企業以外に「富」をつくる場所はありません！

企業所有の証（あか）しが、株を買うということ！ 今、買わずしていつ買いますか？(笑)

官僚主導から国民主導へ！

官僚主導から国民主導へ！

官僚主導から国民主導へ！

代議員制度の日本において、国民主導＝政治主導なのですよ！
国民よ！ 責任を果たす時です！

100人がいいね！と言っています。

Facebook
ここを
チェック

「GDPを支える屋台骨が崩れたら大変！」

「よちよち歩きを始めたばかりの子どもに、いきなり強い横風があたるようなもの」

デフレ脱却への勢いを感じさせることができたせっかくの「アベノミクス」効果も、消費税アップを正式に決めることで、一瞬にして吹き飛ばしかねない、極めて重大な局面です！

GDP（国内総生産）とは、分かりやすくいえば、国内で生み出された価値の総計。そのうち、6割はサラリーマン給与をはじめとする国民の総収入を踏まえた「個人消費」に支えられています。常に政府・日本が抱える債務（借金）との対比に使われ、国際的な信用のものさしになります。

消費税アップは絶対必要といった風潮になっていますが、要はGDPが伸びて債務とトントンになる、または追いつける自信が備われば、消費税アップ自体いらないのですよ。

企業に活力を呼び起こし、富を創造し、GDPアップを狙う「アベノミクス」の腰折れだけは避けてほしい！！

そもそも、万策尽きる前に絞るところをしっかり絞る！　まだやり切れていないと思うのですが・・・。

それとあとひと言。税は徴収するのではなく、所得再配分の手段として、役所は「預かる」だけなのです！

吉田一喜
2012年8月27日

まあ、企業でも個人でも、「使ったお金はなくなります」ので、みんな勘違いするのでしょうが、社会（日本国）の場合は、使ったお金は社会から消えてなくなりませんよね！ 誰かが使えば、誰かのふところに入りますから！ しかも、**海外にもお金は逃げていっておりません＝世界一、配当・利息を受け取っておりますから（笑）)))**

100人がいいね！と言っています。

Facebook
ここを
チェック

「金は天下の回りもの」

砂浜でお金を燃やしてしまう人なんていますか？

いませんよね。誰かの出費は誰かの資本・所得となり、この流れを繰り返すことで、経済は回っていくのです。総じて「日本国の負債は日本人にとっての所得」なのであり、国民の資本と日本国の負債のバランスシートはいつもぴったり一致するもの。

それにしても、日本国の金庫番である財務省にバランスシートがなく、高橋洋一さんが持ち込んだというのにはびっくりしましたね。それと、名古屋市の河村市長が主張する、「市債は財産だ」発言。名古屋市だけで使用できる通貨でもなく、日本の通貨・円は垣根なく市外に出て行き、三重県で使われれば三重県民の資本となります。名古屋市の負債は名古屋市民の資本とはならず、負債ですよね。名古屋市が紙幣を印刷できますか?

　私たちの日ごろの消費行動は経済のエンジン。消えてなくなる燃料ではありません。

吉田一喜
2013年1月21日

本日、日曜日の朝9時半頃のNHK見ましたか？

強力なデフレ脱却のための金融緩和を進める安倍首相のアドバイザーで、内閣官房参与に就任した浜田宏一氏（イェール大学名誉教授）と、野田悠紀雄氏（早稲田大学ファイナンス総合研究所顧問）の対談！ おもしろかったね♪

まさしく、15年のデフレを放置する原因になった経済理論と、安倍首相が進める金融政策の真っ向勝負！！！ まだまだ、野口氏と同じ理論を提唱する方も多いのでしょうが、

「今」の現実経済からいくと、インフレにビビりすぎ（笑）。

今までの日銀と一緒！！ 今はデフレなのにね♪

がんばれ、浜田さん♪♪♪


100人がいいね！と言っています。

Facebook
ここを
チェック

「デフレ対策は初体験、思い切っていかないと！」

ここ15年も、20年もデフレ状態が続くといわれる日本ですが、実はデフレ対策を打ってきた経験も成功体験もなく、やろうとすることはぶっつけ本番！

「じゃあ、経験があるのは何なの?」と思う読者も多いことでしょう。研究・ノウハウを持つのは真逆の「インフレ対策」で、「できることを進めるだけの日銀病だ」とアベノミクスの知恵袋の1人が本で明らかにしてくれました。

どうやら日銀内部では「（アベノミクスのような）金融緩和ではデフレは脱却できない」が合言葉だったようですね。

長期的に見ていてください。きっとアベノミクスがインフレの流れへともっていってくれるでしょう。

吉田一喜
2013 年 4 月 27 日

ずんべらさんという投資ブログを、自分の口座をさらしながら毎日更新している人がいます。儲かっていることよりも、莫大な評価益を出しながら株券で持ち続けるこの人！！！

これぞ､「投機」ではなく、「投資」です！

http://potohoto.jugem.jp/?cid=2

100 人がいいね！と言っています。

Facebook
ここを
チェック

「スローライフ投資は気長でいい～」

　バフェット氏もそうですが、私の株式投資のスタイルは、投資する企業を自ら探し、株価は割安だが、有利子負債がなく（ゼロに近く）、社会的に成長性があるかどうかをみて取引する「ファンダメンタルズ」です。

　もちろん、長期的ですので、持ち株の動かし方としては「インベスター（放ったらかし）」となります。

　私は特別な事情がない限り、パソコンで銘柄の価格変動は追いかけません。やっていること、それは四季報が出るタイミングで、「株価」「現金同等物」「発行株数」を見る程度です！

　株式投資と投機がごちゃ混ぜになったままの日本は、不幸そのものだと私は思えてなりません。あっ、それとバフェット氏の「知らない人ほど多く

を語り、知っている人ほど何も語らない」という
格言。頭の隅にでも置いておいてください。

吉田一喜
2013 年 6 月 5 日

本日、街で知り合いの方と株の話で雑談している時の会話です（笑）。
知り合いの方が「一喜さん、株はいくつくらい買っているの？」と聞かれ、
私は「５万株くらいですかね！」と答えたら・・・。
知り合いの方は「えっ！？　いやいや、企業の数さあ」とおっしゃいます。
私は「**投資は１銘柄ですよ！！！**」って答えたら、ものすごく驚かれました（笑）。
分散投資を勧めるファイナンシャルプランナーもいますけれど、分散させるのは自信がないからだと私は思います！　分散投資の歴史的背景は大航海時代に遡（さかのぼ）れば説明はできますけれど・・・（笑）
厳選した銘柄への集中投資が私の投資原則です。（ただし、ギャンブルと割り切って行っている信用取引＝投機は、この限りではありませんョ！！！）

100人がいいね！と言っています。

Facebook
ここを
チェック

「証券マンのボーナス査定は売買手数料」

バフェット氏も持論にしていますが、スローライフ投資ならば「分散させるのではなく、集中投資を！」が原則です。

ここでいう集中とは、1銘柄という意味ではありません。2〜3の銘柄も集中投資と捉えて差し支えありません。

私自身、証券マンとしての経験があり、支店長や次長といった幹部にも知り合いはいますからね。幹部も営業マンの1人であり、全銘柄をしっかりと見続けられるほど、暇ではありませんよ！

ちなみに、証券会社の売り上げは売買手数料が基本です。企業としてのデータは豊富ですから、スタッフ一同、情報共有していたりして・・・。

吉田一喜
2011年10月30日

有名な鳥羽水族館！

株式のおよそ2％…50分の1を私と吉田家一族、私の会社が所有しておりますが、例えば、スナメリの赤ちゃんが誕生したとします。。。そのスナメリの赤ちゃんは企業決算上では「減価償却」の対象になるそうです（＾0＾）！　みなさん知っていましたか？？？　償却年数はどうやって決めるんでしょうね〜〜〜〜〜〜！？

100人がいいね！と言っています。

Facebook
ここを
チェック

「何でも数字に置き換えるって不・思・議」

規則に何でも従っていると、あれっと疑問に思うこと、ありますよね。

株式投資が生きがいで、いくら詳しいといっても、不思議に感じることはいくらでもふってわいてきます。

この時のFacebookはそんな一例です。水族館を仕切る方との対話から引っ張り出しました！

20万円以上は減価償却の対象になるそうです。魚類、鳥類といったように生き物の種別によって異なるようですが・・・。

吉田一喜
2011年12月25日

アメリカでネットバブルが華やかであった1999年～2000年にかけて、若きネット王が次々誕生し、「ニューパラダイムの時代！」とメディアでもてはやされた時、娯楽・メディアに特化した投資銀行のCEO、ハーバート・アレン氏は「ニューパラダイム？ そんなものは、ニューセックスと同じだ」、「そんなものは、ありゃ～しない！」と見抜いておりました（笑）。

100人がいいね！と言っています。

Facebook
ここを
チェック

「生き残っていく言葉は数少ない」

新しい造語に惑わされないで！

ヒトの知恵の産物である言葉・表現は、時代を反映して無限に増えていきますね。

IT バブルもあっという間にはじけ、「ニューパラダイム」というキーワードすら、もう聞かれなくなりました。時とは無常なもので、一時のはやり言葉など、私たちの記憶からあっという間に葬り去ってしまうのですから。

一方で、人間の本質を突く言葉は、時代が異なっても、文字は違っても同じなのには驚いてしまいます。例えば、象形文字であったころでも、「今どきの若者といったら・・・」といった表記がしっかり残されているのだから、「ヒトはいつになっても変わらないな～」とも教えられるものなんです。

将来にわたって語り継がれる言葉を、株式投資からも見い出していけるといいなあ〜、と思います。

吉田一喜
2012年3月23日

(笑)))) ヤフーニュース見て、記者のええ加減な記事に笑ってしまった～！
ＡＩＪ投資顧問の損失は「逆張り」というリスクの高い・・・
デリバティブ取引がリスクの高い取引であって、「逆張り」がリスクが高いわけではないのに～～～～～～～。
本来、株式投資においては、「価値」ある企業の株価がマーケットの下落とともに値下がりした場合、「逆張り」することは中・長期投資においては正しいこと！！！

100人がいいね！と言っています。

Facebook
ここを
チェック

「株価が上がるだけの銘柄あったら教えてください！（笑）」

右肩上がりの中で取引することを「順張り」、下がっている中で買うのを「逆張り」といいます。

時時刻刻と株価は変動しますから、下がらないなんてこと、あるわけないでしょ！

ヤフーニュースの記者はどこに確信のポイントがあったのか、想像すらできません。もしや、記者独特の勘（というよりも思惑）で書いてしまったのでしょうかね。権利の売買だけで実態が伴わない「デリバティブ取引」には一切目を向けることなく、単にマイナスのイメージを感じさせる「逆張り」を悪者扱いしたわけです。

一応、ニュースとうたっているわけですから、真実の報道をしてほしい！　ただでさえ、株式投資リテラシーが備わっていない日本ですので、「逆張り取引＝危ない」なんて言語道断。スローライフ投資なら、当然、想定される手段になります。

　さらに、記者は「大手新聞社や通信社からの配信をそのまま引用しただけなので・・・」なんて言い訳をするかもしれませんね。他の記者さんたちも同じ文章を書いていたら、どうしましょうか？　そう思ってしまう私もいい加減、嫌になってしまいます。

吉田一喜
2012年10月23日

本日、野村證券の営業鳥羽地区担当者から、初めてＴＥＬをいただき、お会いしました！ 入社２年目の若手くんでした！ 見どころのある好青年なので、あれこれ語ってしまいましたが、その中で、励ましの言葉として「銀行は土曜・日曜の休日でも金利でお金を稼げるけれど、証券マンは自分が主体となって、お客様を動かさないと稼げないので、天下の野村が日本の経済界をもっと牽引してね～～～～♪♪♪」と、お話しました（笑）。

ライフネット生命を推奨しておりました。私の投資基準からは離れるけれど、現在赤字のまま上場して、お客様の伸び率からすると黒字化するので、そうなったら株価に反応すると・・・なるほど。**なにより社長が三重の美杉の人だそうですョ！**

100人がいいね！と言っています。

Facebook
ここを
チェック

「スローライフ投資ならば、動機づけはいろいろある」

株式投資は資本主義経済におけるゲームであり、株主本人の自由意志で、特定の上場企業を応援する直接投資です。

社会的意義は大きいけれど、株価だけを眺めたり、四季報を見るだけではちょっと物足りないかもしれませんね。そんな時は、企業と株主本人との縁を無理やりにでも見つけ出し、その企業に親近感を抱くのもナイスな選択だと思います。

日本の株式投資だからこそといえる株式優待を選択のポイントにするのもありですね。優待で自転車を提供され、それに乗ることを生きがいにするおじいさんをクローズアップしたマスコミもあったほど。親の勤め先が自動車メーカーＴで、恩返しの気持ちで就職しましたということがあったら、Tは喜ぶはずです。

私個人としては、ただただ、キラリと光る企業の発掘への好奇心に支えられておりまして、これらは全て、私の優先項目には当てはまりませんので悪しからず・・・(笑)。

吉田一喜
2012年12月18日

私はバブル期を証券会社で過ごしたので、その当時のほとんどの証券マンと同じく、相場に対する気持ちは「ブル」（強気）なのですが、この20年の不況で、証券マンですら「ベア」（弱気）が主流なんだとか！？ コンドラチェフの波にもあるように、**景気は好況と不況を繰り返すもの！** そろそろ、「ブル」が報われてほしいのです（－－）！

100人がいいね！と言っています。

Facebook
ここを
チェック

「生き物の経済には柔軟な対応と発想で臨むべき」

景気の最大要因は、仕事に取り組む人の人数（雇用）と仕事量（仕事の需要）だと、半ば確定的にいわれます。「労働生産人口」さえ上向けば、景気は回復するといわんばかりに。

そんなに私たちが生きる世界は単純なものでしょうか？ 日銀は特にそうだと思いますが、物事の捉え方が一方向からだけだと、デフレ続きなのに、インフレ政策をやってのけるのと同じ結末になりますから！ 供給が行き過ぎているから、デフレは起こる。これだけは確定です。

古典派ばかりにしがみついていてはいけない。常に新しい発想意欲をもって、さまざまな立場の人たちから話を聞き、法則を見い出すくらいの気概が求められます。

役人の皆さんに聞きたいです。「ロシアは人口が激減していた時も、インフレが続いていますが、ずばりなぜですか？」

吉田一喜
2013年3月6日

さて、昨日はＮＹダウ平均株価が史上最高値を更新！！！　それを受けて、本日の日経平均も堅調に推移し、いよいよ12，000円も見えてきそうです☆☆☆
それでも、平均株価構成企業の１株あたりの平均資産と平均株価を比べると**日本株は世界に比べてまだまだ割安なのですけれどね～♪＾＾**

100人がいいね！と言っています。

Facebook
ここを
チェック

「もうちょっと割高感が出てきてほしい！」

この世はグローバル社会。株式投資の世界も同じです。

私の場合、最低限の参考材料として、日本とアメリカのPERくらいは、ほんのたまに眺めるようにしています。

まさに異様そのものであった1980年代のバブル期。日本のPER（株価収益率、数値が大きいほど株価は割高）はおおむね60倍、同時期のアメリカはおよそ20倍で、日本の株式投資の加熱ぶりはすごかった。

そこへの戒めがあるからか、以降の日本の株式市場は落ち着き過ぎるくらいの無風状態で、まだまだ企業の真の力には到達していませんね。

面倒臭がりの私でもたまにチェックするのですから、読者の皆さんも世界経済との比較をしてください。

吉田一喜
2013年6月1日

企業が発行する株式の全部を所有すれば、その企業を１００％所有するということ！　発行する株式の一部を所有しても、一部所有オーナーとなるわけで・・・。なので**株を買うということは、丸ごと、その企業を所有しても良いのかどうか！？　って視点で判断せねばなりませんョ！！！**

100人がいいね！と言っています。

Facebook
ここを
チェック

「ほんの一部でも、
株主全員が企業のオーナー！」

株式投資に参加する皆さんは、丸ごと企業オーナーになる立場をイメージしてみて！ 株式の世界で、一部を所有することは、企業を丸ごと買うことと同じであることを忘れないようにしてくださいね。

あなたは借金がある会社がいいですか？ 無借金企業がいいですか？ もちろん後者ですよね。バフェット氏の投資哲学を思い出してください！
「損をしない」が大原則ですから、私の投資モットーにもなっているのです。

株主への最大の裏切り行為である「粉飾決算」なんて問題外！ 株式投資の世界が壊れてしまいます。

鳥羽市のまち巡りが人気なのは憩いのスポットが多いから･･･。そのうちの１つ「めだかの学校」自慢の足湯にて

【第三章】吉田流「金融・株式フェイスブックダイヤリー」

吉田一喜
2013年1月3日

アメリカの財政の崖問題も、一応の妥結の結果、回避に向かい、ダウは大幅上昇しましたね！ さて、明日からの日経平均の動きは！？ 今までの、愚かなる政策のために、上昇しようとしても、抑えられていたマーケットエネルギーは意外なほど大きいと思います☆

100人がいいね！と言っています。

吉田一喜
2013年1月4日

当然ながら、東証大発会は大幅高！！！　おめでとうございます☆＾＾

100人がいいね！と言っています。

吉田一喜
2013年1月10日

思えば夏頃、デフレ下の消費増税絶対反対を愚痴っていたころ・・・。東証マザーズ指数は３２０近辺！！！どれだけ「野田政府の判断が間違っていますよ～～～～～」ってシグナルが市場から出ていたかが、よく分かりますね☆

100人がいいね！と言っています。

吉田一喜
2013年2月4日

本日も日経平均は昨年来の高値更新☆ 週足ベースでは、これで13週連続です・・・。どれだけ政治不安が市場経済を裏切り続けていたことか！

本日はパナソニックがストップ高し、ソニーも102円高！ 大型株がストップ高するくらいですので、まだまだ上昇エネルギーは強い☆と、思います。

しかしながら、そろそろ調整しないと過熱感もありますね！！！

喜

100人がいいね！と言っています。

吉田一喜
2013年2月6日

ついに1ドル94円！

100人がいいね！と言っています。

吉田一喜
2013年2月26日

日銀新総裁候補の黒田東彦さん！

いいね！^^

踏み上げ相場の可能性大です！

100人がいいね！と言っています。

吉田一喜
2013年4月1日

さて、世間も相場も「新年度入り」！ 市場は予想通りの調整中。。。
アベノミクス期待での上昇からの調整は必然なので、望むところ☆
今後の政府と日銀の政策発信から政策実現への実感が世間に浸透してくる前に、第2上昇期へ！と私は期待しておりまする。

100人がいいね！と言っています。

吉田一喜

2013年5月31日

連続投稿してすみません m(= =) m

これには、わけがありまして・・・。

そのうち、発表しますが、

しばらくは連続投稿する日があるのです

☆☆☆^ ^ v

100人がいいね！と言っています。

吉田一喜
2013年6月1日

株価なんてものは、上昇しだすと、どこまでも上がる気がして・・・。

下げだすと、どこまでも下げ続ける気がするものです(笑)。

なので、変な妄想にとらわれることなく、価値対価格を冷静に分析せねばなりません!!

哀 楽 怒

100人がいいね！と言っています。

Facebook 吉田一喜を
フィード購入

あなたも「経済大好き」になります！

お金は信用の上に成り立っています。しかも絶対的価値に基づいて。ヒト同士の信頼関係の場合はどうでしょうか？

お金が不足し、知り合いにお金を借りることに。もし、何らかの都合で返済を遅らせて欲しい時、信頼関係があれば「いいよ」となります。信用ならないとなると、聞いてもらえません。信頼関係の基礎はやはり、積極的アプローチ、情報発信が第一ですね。

Facebookはとっかかりのツールとして優れ、私も積極的に使っています。ダイヤリー（日記）ですので、正しいかどうかを問うものではなく、ストレートに思いを伝えられますし・・・。おまけに金融も株式投資も生き物ですので、確定的要素はないに等しく、大いに発することができるのです。

あっ、そうそう。かつて、ノーベル賞まで輝いた経済学者たちで立ち上げた投資会社があったのですが、あっという間に倒産してしまいましたよ！（笑）

「株式投資のワンポイントをみんなに聞きたい！」「私にもひと言いわせて！」という人は、私のFacebookにいつでも飛び込んできてください。大歓迎ですよ。

「めだかの学校」の上にある隠れスポット
「扇野の鐘」にて

［第四章］

私が携わる地域経済こそ、日本経済を見渡すものさしに

吉田一喜
2011年11月6日

バブル全盛期の1985年！ 私が二十歳の時に、16の大学を横断してディスコ・イベントサークル「TOKYO VIP クラブ」を結成し、遊んでおりましたが、大学生では貸切できないといわれた最新ディスコ「エリア」を、大手タレントプロダクションと共催でダンパを実施したのも私たち！ 登録メンバーは500名を超え、私の大学卒業とともに解散しましたが、当時の私の写真を見ると、シンガポールで買ってきた大きな扇子をいつも持っております。ベルファーレのお立ち台ギャルの扇子はバブルの時代の象徴として有名ですが、その数年前から六本木のディスコで扇子を持ち歩いていたのは私だけ！ **扇子のブームをつくった元祖だと自負しております（笑）**。

どうでも良いことですが…＾＾；

100人がいいね！と言っています。

吉田一喜
2012年12月24日

夜の鳥羽水族館内でクリスマス音楽イベント3日目☆

♪♪♪

最初の演奏はトーンチャイム&ゴスペルからです！

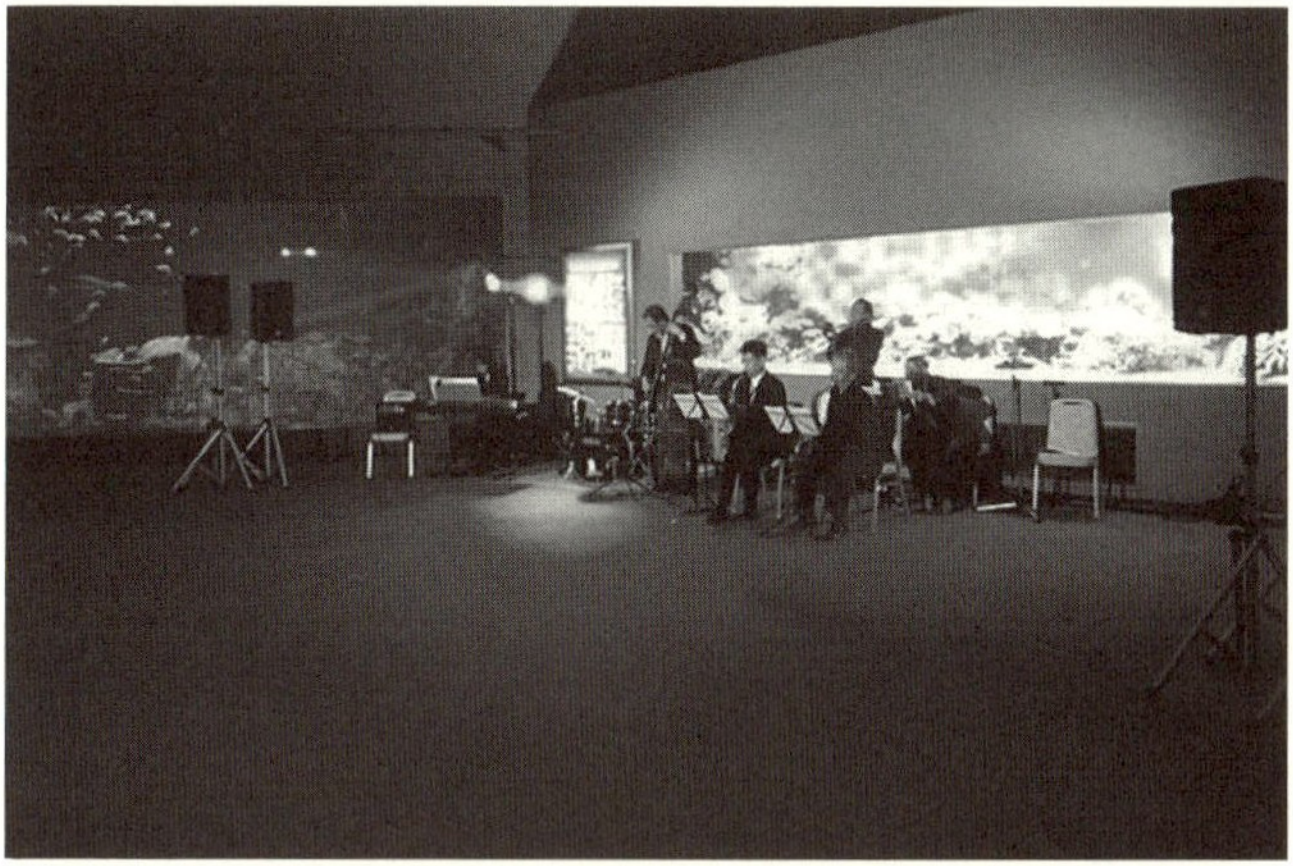

100人がいいね！と言っています。

吉田一喜

2013 年 1 月 19 日

吉田一喜さんが中川早苗さんの写真をシェアしました。

東京プレス懇談会で！ **鈴木英敬知事と親子３代海女さんの、母の早苗さん、娘の静香ちゃん！！！ 本当に人材に恵まれております！！！** 三重県観光関係者の皆様、事務局の皆様ありがとうございました☆☆☆＾＾v

中川早苗

2013 年 1 月 18 日

無事終了！

三重県メディア交流会、楽しかったです！ 久しぶりに知事ともお話しました。とてもたのもしく、三重県には明るい未来がまっている（笑）。

いろんなメディアの方ともお話させていただき、鳥羽市をＰＲでき、また以前にお世話になったプレイボーイの有名なカメラマンの方も時間をつくって写真を取りに来てくれました。知事と私たちの写真を撮ってくれた田中さん、ありがとうございました。

（以下、省略）

100人がいいね！と言っています。

吉田一喜
2013 年 4 月 20 日

これが白滝大明神に新しくできた、どんぐり小屋（案内所）です（笑）。

100 人がいいね！と言っています。

鳥羽市観光の魅力アップにこつこつ取り組む中、地元行政を巻き込み、官民挙げての戦略組織「鳥羽市広告宣伝戦略委員会」が誕生することに。委員長として、鳥羽市民がみな観光PR役となるオールスター計画を〔ひそかに(笑)〕形にしていっています

自慢のてっぱり料理を出す「長門館」にて

左から三浦さん、藤村さん、迫間さん、寺田さん、齋藤さん、髙橋さん、そして私

友人たちの証言❶
「経済人・吉田」を語る

吉田流・人づくりの原点！
鳥羽で頑張っているメンバーへのねぎらい＆交流

地域経済がしっかりしなければ、経済への取り組みも株式投資行動もあったものではない！

私一人が判断するのではなく、いつも身近な観光都市づくりに関わる同士たちとの語り合いの場を持ち、ダイレクトな声を触れるようにしている。一貫しているのは「私たちが主体的に関わり、ともに汗を流す」である。

鳥羽のおいしい海産物を口にしながら、ストレートに現状や思いを伝え合う仲間たち。夕方から始まった交流タイムはあっという間に過ぎ、午前様になることも・・・。

旅館を営む取締役や女将（おかみ）、飲食店経営者、旅館組合事務局長、地元行政マンなど、すそ野が広いのが観光産業。お互いに刺激し合うだけで、活性化のタネは巻かれ続けるものです。

メンバーそれぞれが明かす吉田像とは⁉

★お食事処「花都里（かとり）」
店主　三浦幹彦さん

鳥羽市にある答志島（とうしじま）など、４つの離島と本土との一体的な観光、情報共有が大切。食はもちろんだが、景色の美しさこそ鳥羽市の魅力だということも吉田さんは織り込み済み。近すぎる存在だが、リーダーになって頑張ってくれる人ですね。

★証券会社の支店幹部
藤村元保さん

吉田さんとは年が近く、30年を超える付き合いをしています。吉田さんは観光と経済で、私はスポーツを通じて地元の子どもたちを伸び伸びと育て、元気な鳥羽市を引き継いでいってもらえるよう力を合わせていきたい。発想力、バイタリティー、行動力のいずれも兼ねそろえる逸材！

★鳥羽ビューホテル「花真珠」
女将　迫間（はさま）優子さん

赤ちゃんがいる家庭でも鳥羽への宿泊旅行を楽しんでもらえるよう、さまざまなプランを練るほか、観光に携わる女性たちを取りまとめています。吉田さんはアイデア豊富で、どんな話題にも深く入り込めるところが魅力的！　私たちは国際色を意識し、海外からやって来る人たちに優しいまちづくりを進めていきたい。

★しんわ千季「戸田家」
取締役　寺田善光さん

黄色いジャケットをはおってダンスを楽しみ、足を高く上げる一喜さん（笑）。考え方にブレがなく、観光業を見続けていただけること、私にとっては心強い限りです。土着の人が少なくなった関係で、観光・漁業ともにパワーアップが求められますが、誤射なく援護射撃にあたってもらえると思います。

★地元行政機関に勤務

齋藤猛さん

経験を積み上げ、立場が上になると、上から目線が多くなると思いますが、一喜さんは別。どんな人に対しても丁寧に接し、ソフトな印象が忘れられません。私自身、観光に長く携わりましたが、ポテンシャルが高い鳥羽の観光財産を線でつなぐ上で欠かせない人です。

★鳥羽旅館組合

事務局長　髙橋絹江さん

周りの人に優しく接しながら、相手を引き立てられる人。相当、気を遣っていらっしゃると思います。一言ひと言の発言が重く、意味があり！　株式投資もそうですが、1つのこだわりがすごくて、徹底的に追求し、勉強を重ねる。石神さん〔相差（おうさつ）地区にある神明神社〕のように、鳥羽であるからこそ、出かけたいという真のファンづくりをともに進めていきたいですね。

友人たちの証言②

「経済人・吉田」を語る

前・衆議院議員　藤田大助さん

物事の見方が柔軟で、情報の引き出しが豊富。地域の代弁者である吉田さんの声を拾い上げ、「富を創造する企業のよき政治サポーター」になっていきたい！

「地域経済の情報収集に欠かせないお相手こそ、吉田一喜さん」と話すのは藤田大助さん。昨年の衆議院選挙まで現役の衆院議員で、再挑戦を心に誓い、地域エネルギーの結集を呼びかけています。

国会の中で感じたこと。それは政治は生きた情報をやり取りする現場とはなり得ず、あくまで「図鑑」のような世界であると明かします。「ニーズを観察し追いかける、事後対応型のこれまでの政治から、ニーズを生み出すくらいの発案型政治に転換し、富を創造しようとする企業のよきサポーターになるべき」と。あらゆるきっかけを人づくりにつなげていく、吉田さんとの交流で手に入れた財産です。

（中小）企業と政治・行政の奮起への思いは、吉田さんと全く同じ。全国の広域観光モデル都市・第1号となったように、伊勢市・鳥羽市・志摩市（伊勢志摩エリア）の主力産業である観光業、とりわけ宿泊観光をリードする鳥羽市の魅力アップに向け、兄貴（吉田さん）との結束は一層強くなるに違いありません。

友人たちの証言③ 「経済人・吉田」を語る

鳥羽の割烹温泉旅館「胡蝶蘭」常務取締役
中村和人さん

分かりやすさとリーダーシップ！

あらゆる事柄に対応してしまう無茶ぶりも、多くの人の心をとらえるのでしょうね～。

喜早《きそう》勇介さん

強いことをいわなければならない場面でも決して折れない！

物事を否定せず、裏表なく人に接するストレートな人柄を尊敬します。

　鳥羽観光の魅力アップに欠かせない大物と吉田さんがいう喜早さんと中村さんは、公私ともに付き合いが深い関係。とにかく仕事も遊びも目一杯取り組みたいというのが2人の信条のようで、遊びの中からでも地元同士の輪を広げ、いざという時の「協働体制」と「行動力アップ」に弾みをつけているようです。

「無名の鳥羽在住者も吉田さんの手にかかれば、鳥羽ＰＲの主役に躍り出ます。鳥羽は人材の宝庫と胸を張っていえるまでにしていただきました」と打ち明ける中村さん。それに対して、吉田さんは「我慢を重ねながらも粘り強く銀行と向き合い、旅館を軌道に乗せた実績は大したもの！」と、中村さんをねぎらいます。

一方、喜早さんは「ふるさと・鳥羽を離れるなど人生いろいろありましたが、鳥羽をとことん愛し、小さなイベントにも地域連帯で取り組み、ありのままの姿を後輩たちに見せながら、鳥羽の明るい未来を後進にバトンタッチしていければ。それが実現できるのは、吉田さんがいてくれるからこそ」と、吉田さんの存在の大きさをアピール。「〝応援したい！〟と思える仲間たちに囲まれて幸せ」と吉田さんは笑顔を見せ、地元経済のさらなる発展を２人と誓い合います。

写真右から私、喜早さん、中村さん、藤田大助さん

鳥羽市出身の歌手といえば鳥羽一郎さん、山川豊さん、渡瀬マキさん（元リンドバーグのメーンボーカル）がいます。200を超える宿が集合し、宿泊総数２万人を誇る観光都市・鳥羽として、「みんなでカラオケを楽しみ、うまくなろう！」との願いを込めて、「加楽音気（からおけ）神社」をつくりました

「“交流のるつぼ”を目指し、夜の店を」と、私も経営に加わる「花乃宴（はなのえん）」が鳥羽中心街に誕生しました。ここは職業も肩書きもない自由で活気あふれる世界が広がっていますよ

【第五章】片山さつき総務大臣政務官スペシャル対談

〜経済通同士が本音でやり取り〜

中小企業経営者として、地域経済に軸足を置く中、安倍政権が高らかに掲げる経済政策「アベノミクス」の足音が聞こえてくるのは、まだまだ先かもしれない。しかし、失望感に引きずれられることはなく、景気回復への期待感が高まっているのはこれまでにないことだ。このチャンスを地域経済の再生に生かしていかねばならない。

「高度経済成長をなし遂げ、世界に冠たる企業文化をはぐくんだ日本のたくましさは本物。今一度、強い日本をよみがえらせてみせる！」

そんな安倍政権の不退転の覚悟とメッセージは、はっきりと私には伝わってくる。

現政権のキーマンとして私が注目する政治家こそ、総務大臣政務官の片山さつき参議院議員だ。財務省キャリア職員として着実に歩み、女性初の幹部ポストに登用された。片山政務官から直接、アベノミクスの手ごたえなどをストレートに聞いてみたいと思っていた。

そして、名古屋での対談が実現した。

今年6月18日、キャッスルプラザ・スイートルームにて・・・

★吉田一喜・片山さつき総務大臣政務官 対談本記

――JC活動に参加する自営業者にとっても、安倍政権が進める「アベノミクス」は大賛成! デフレは紛れもなく緩やかな自殺へとつながり、私たち中小企業の仲間たちが廃業に追い込まれ、夜逃げをした仲間もいるほどです。そんな中、日銀を動かした異次元の金融緩和に対して、どのような手ごたえを持っていますか。

(片山政務官)「(日本銀行総裁の)黒田東(はる)彦さん、やったな!」という感じですね。黒田さんが審議官のころから何度も一緒に出張し、政府同士の正式な国際会議・G7(先進7カ国の財務相・中央銀行総裁会議)の代表メンバーの一員として、日本の女性では初めて私が名を連ねたのですが、こういった場でしっかりとコミュニケ〔政府間の重要な会議や会談の流れ・結果について、文書で行う公式声明を意味するフランス語〕を出し、インパクトを与えないと意味がありません。「どうやったら市場と対話できるか」、「民間マネーをどうやったら動かせるのか」を分かっている人で、何でも2倍にという勢いをもって「突き抜けた金融緩和だ」というイメージを連想させました。国民の皆さんも「今度こそ、本気でやるんだ！」と思っていただけたと思います。

――情報発信・宣伝力はアベノミクス劇場・第一幕の中で成功し、これからも続いていくことになります。なのに、週刊誌を見ると「アベノミクス失敗」といわんばかりの論調が並べます。何の目的があってのことですか。

（片山政務官）ひと時、「アベノミクス銘柄」なんて書いてました（笑）。驚くような株価上昇の場合には「暴落する！」ですからね。一喜一憂する投資家心理を突いて、ただ本を売るがためにということではないでしょうか。

――財務省キャリアとして、片山さんは突き抜けていましたよね。

（片山）証券局、銀行局、国際金融局など、金融関係の主要セクションを経験しました。財務省と情報のやり取りをするメガバンク担当者の相手役にもなり、その相手の2人は3メガの現トップです。

――経験を重ねた立場で、デフレが続いてきた日本の金融に対してどう受け止めますか。

（片山）デフレだと投資意欲がわかず、商売で何かやってやろうという人にはつらいこと。ほとんどの人は起業しないでサラリーマンの道を選びます。いつの間にか、多数決の原理のように引き込まれてしまい、何もしない選択へと至ってしまったのかもしれません。

日銀組織のてこ入れ前に、総裁が変わるだけで大きく流れが変わりました。日銀法を改正する必要はありません。緩和に緩和を続けますが、黒田さんは怖さも分かっているので、大丈夫です。

――郵貯残高だけでも個人資産は１４００兆円に上るのに、マスコミは国債が１０００兆円の方ばかりをクローズアップします。危機的状況で、今にも破たんするとテレビがいっていますが、まだ余力はありますよね。

（片山）　日本の金融力はこんなものではありません。一度蛇口をひねったら（金融緩和したら）、ずっと続きます！　日銀が方針を変えない限りは当初のまま、２％のインフレになるまでやり続けるのです。

問題なのは、これだけ日銀がお金を流しても、金融機関の融資姿勢が柔軟にならないことです。恐らく、過度にリスクをとることを恐れる経営者の判断でしょう。国内にしか融資していない金融機関についてはＢＩＳ規制〔自己資本比率の国際統一基準で、８％以上を維持せねばならない〕を適用除外にしてみてはといっています。

日本の中小企業融資は、経営者に対してガチガチの保証料をとっており、事業が想定どおりに進まなくても、金融機関に戻ってくる可能性は高い。金融機関にも責任の一端はあり、より必要とされる銀行づくりにあたっていかねばなりません。

――非常に答えにくいかもしれませんが、円相場・日経平均株価はどのあたりが妥当なのでしょうか。

〔片山〕妥当というか、多くの部品調達を海外に頼っている企業が多いので、円が安くなれば安くなるほどいいというものではありま

せんね。円は今の線でうまくまとまってくれればと思います。株価はこれからの成長戦略次第！

　円安・株高傾向はセットで考えてもいいと思いますが、円が１１５円を超えるとマイナス要素が大きくなり、企業業績がマイナスになる業種が増えてきてしまいます。

――株式投資に関する庶民の誤解が多いことに驚かされます。赤い羽根募金に寄付するのは正当だとか、汗水垂らして働くのが仕事なのに、株式投資はギャンブルだから関わりたくないという人が多い。欧米では投資教育を小学校からするのに、日本ではいい大人が、短期で売り買いを繰り返すデイトレーダーを株式投資と勘違いしているのは問題だと思いますが・・・。

（片山）株式投資については、ディスクロージャー（開示の原則）の確立と理解・普及の充実さえあれば、きちっと投資判断して読み切る極めて頭脳的なゲームなので、もっと投資教育をしていけばいいと思う。ひところまでは、株の世界で、違反なのかどうかのぎりぎりの取引で情報を独占してもうけているというようなイメージがついてしまいましたからね。

――投資教育をしていないから企業の価値と価格が大きくずれ、すごく安い値段で放置される優良企業はたくさんあります。今は30年に1度の投資チャンスと話をしても、株は怖いなど、取っつきにくい存在になってしまっているのが悔しいです。額に汗して働くのも、株式投資も社会参加という点で変わりないのに。情報発信を願うばかりです。

（片山）良い情報発信方法ですか・・・。実はこの20年間で一番もうかったのは、郵貯の定額預金なんです（笑）。失われた20年の直後に株を買え買えといっても、それは信用されません。まずはコツコツと実績を積むことが先でしょう。東証一部の時価総額をあげることと、配当性向（株主に配当される割合・重要度の決め手）も上げていかないと！

――Facebookでアップしましたが、経済を盛り上げようと、やる気をみなぎらせる人たちは大切な存在です。その人たちの起業をサポートする「インキュベーション」こそ、日本を救い、明日の日本を育てると確信しています。システムが構築されれば、どんどん若い人たちが社会に参画すると思います。つい先日、市長にも話をしましたが、鳥羽からスタートできればと・・・。

（片山）まさに今、安倍政権では「地域経済イノベーションサイクル」というシステムをつくろうとしていて、産学金官ラウンドテーブル、つまり、地方自治体と地元金融機関、商売をしたい人、学術研究機関、その他関係機関が参画し、地域一体となって地域資源を再発見しよ

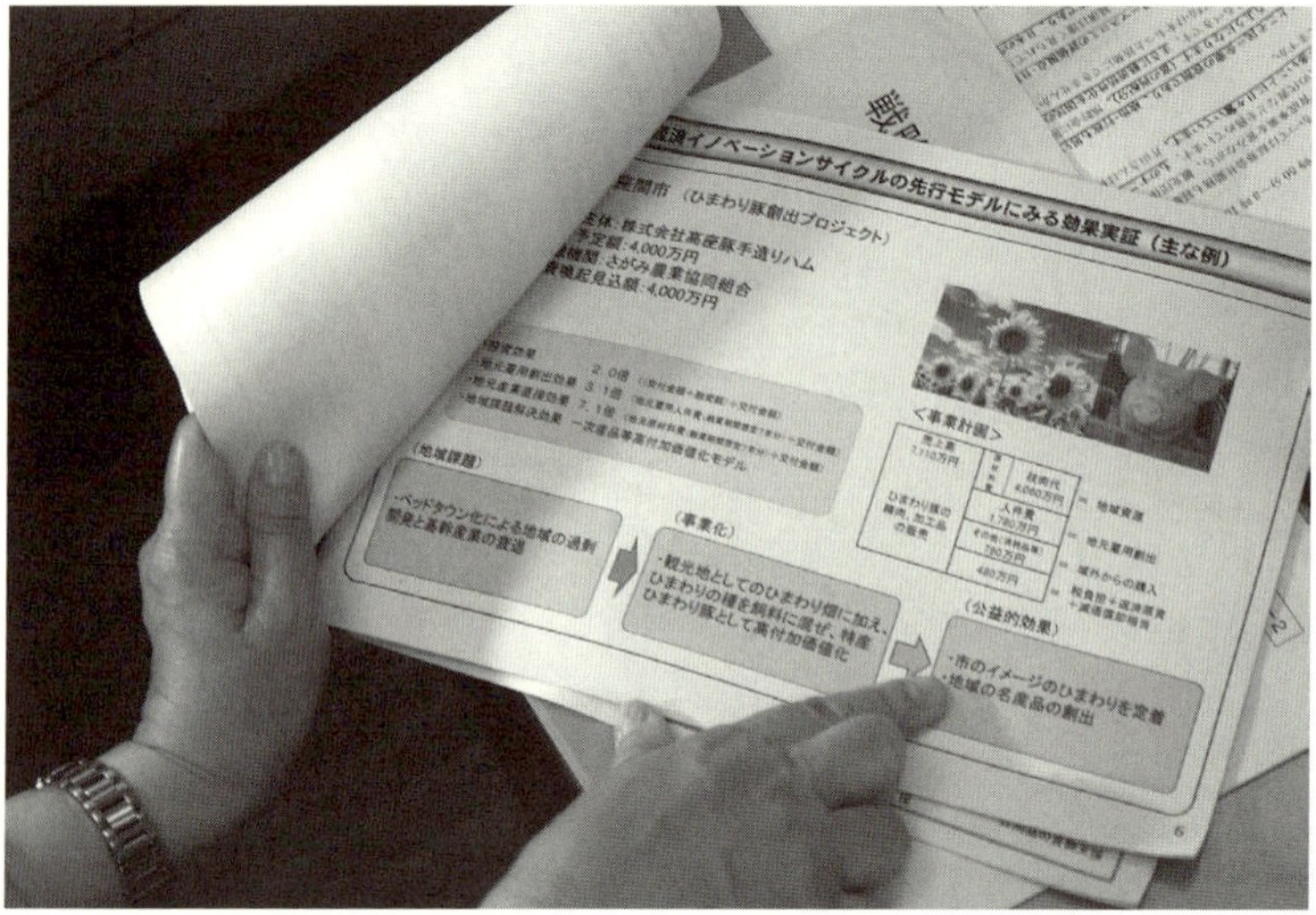
イノベーションサイクルの先行モデルにみる効果実証（主な例）
（ひまわり豚創出プロジェクト）
株式会社高座豚手造りハム
4,000万円
さがみ農業協同組合
4,000万円
＜事業計画＞
ひまわり豚の精肉、加工品の販売
人件費 1,780万円
地域資源
地元雇用創出
域外からの購入
（地域課題）
（事業化）
・観光地としてのひまわり畑に加え、
ひまわりの種を飼料に混ぜ、特産
ひまわり豚として高付加価値化
（公益的効果）
・市のイメージのひまわりを定着
・地域の名産品の創出

うという取り組みを加速して、新しいビジネスモデルを構築しようという構想です。

事業化する時に資金調達計画を書いて、国はスタートアップだけを応援します。国がある一定の部分を担うというのがポイントで、金融機関の社内決裁を通しやすくしようという狙いがあります。

私としてはこの予算がまだ21億円しかないので、来年度は3倍にまで増やしたい！

――それは素晴らしい！　この政策はどのまちでも適用可でしょうか。鳥羽では20代の若者が中心となって、少しでも地域の元気を見せようと、空き家のシャッターを開け、飲食店を始めたり、移動販

売カーを集客スポットに寄せ、焼きおにぎりを販売しようとするなど、にぎわいを生む動きに拍車がかけられそうです。

（片山）まだ、あまり知られていないので、どんどん活用いただけるようにしたいですね。観光地・鳥羽だと、いくらでも地域資源があるではないですか。例えば、空き家を改修して、鳥羽での生活を体験してもらう「お試し住宅」という手もありですよ。

まずは地元で納得できるメニューを用意し、お金を出し合おうという意志をまとめ、その中で空いたお金を出すのが国や県の役割となります。

――結局、起業家がどんどん生まれると、地域のお金が回るので、こういった施策を是非とも推進してください！

（片山）金融機関や日銀にはお金がベタ積みになっています。生かし切れていないお金を真に生きたお金にするには、（経済産業省の政務官のころからいい続ける）「ヒト」「モノ」「カネ」「ワザ」「チエ」をいかに結集するか。成功事例を積み重ねた上で、各地域に必ずや存在する地域自慢に当てはめていってもらいたいですね。

おわりに

日本経済への期待が膨らみ、ワクワクする感覚を手に入れようとしています。「待ってました」という感触は、私だけではないはず。経済に関心がある人もない人も、景気がよくなり、懐具合がよくなれば、気持ちよく消費できるようになり、自ずと経済にも関心が深まってくるに違いありません。そんな単純な感覚こそ、お金・金融・株式投資に最も必要であることを、私は訴えたいだけなのです。

中小企業経営者としての目線は、家計に程近いもの。読者の皆さんとは、また「分かりやすい経済」がまとまり次第、お会いしたいと思います。

吉田一喜

編集後記

吉田一喜さんとの出会いは8年近く前になるだろうか。伊勢・鳥羽・志摩、3市の広域観光キャンペーンプレスツアーに招かれ、懇親会のテーブルで隣になったことがきっかけであった。

当時、吉田さんは鳥羽市中心街にある約40の宿を取りまとめる鳥羽旅館組合理事長を務めていて、観光に生きる地元経済のこと、観光産業化が叫ばれる一方、政治・行政側のアプローチが手ぬるい問題など、さまざまな問題意識を持っていた。

高速道路無料化社会実験で、伊勢・鳥羽・志摩へとつながる伊勢自動車道の一部区間も無料になり、民主党政権が高らかに掲げた観光立国・

日本づくりがいよいよスタートかと思いきや、思い切った国策がなく、はしごをはずされる格好に。

吉田さんが思い描く経済発展の図式は非常に分かりやすくて現実的。企業サポートの形ある行動として株式投資が身近であると呼びかけ、一体感を抱きながら、長い目で反映を喜び合おうではないかと提案している。

国政も国家行政もこれにならい、国民目線でお金と金融経済を丁寧に表現してほしい。国民のみなさんには是非とも、そんなヒントが散りばめられた本作に目を通していただきたい。そして、吉田さんをスポークスマンとする経済本の続編づくりに関わっていけたらと願う。

2013年7月　名古屋リビング新聞社・情報開発部　田中光男

＜著者紹介＞

吉田 一喜（よしだ かずき）

１９６５年（昭和４０年） １０月１６日生まれの４７歳。

私立・三重高等学校、明治大学を経て、東京都内で証券キャリアを積む。ふるさと・鳥羽市にUターンし、２００軒を超える宿泊施設が集合する宿泊観光都市の中で、代々続く複数の宿・飲食店の経営に携わる。鳥羽駅の眼前に建つ湯坊旅籠(はたご)「和光」は、市内初のエレベーター設置の宿で歴史あるたたずまい。地元経済界のボランティア活動にも率先して参加し、２００５年には（社） 日本青年会議所三重ブロック協議会会長を務めたほか、鳥羽旅館組合理事長、鳥羽市観光協会副会長、鳥羽市広告宣伝戦略委員会の委員長など要職を歴任し、金融全般・株式投資・観光政策に明るい。電話１本で人を集める人望の持ち主で、交友範囲は広く、対話と交流を拡大し続けている。

学者じゃない！ 評論家でもない！ 中小企業経営者の確かな目!!

鳥羽の中心から「日本経済再生」を叫ぶ

～吉田流・Facebook 活用術～

2013年8月31日　初版第１刷発行

著　者　吉田 一喜
編集者　田中 光男（株式会社 名古屋リビング新聞社）
発行者　小堀　誠

発　行　株式会社 名古屋リビング新聞社
〒460 － 8475　名古屋市中区新栄１－６－15
電話　（052） 269 － 9511（代）

発　売　株式会社 流行発信
〒460 － 8461　名古屋市中区新栄１－６－15
電話　（052） 269 － 9111（代）

印刷・製本　図書印刷株式会社

装丁・デザイン　西村敏男（株式会社 日本プリコム）

ISBN 978-4-89040-217-5